BEI GRIN MACHT SICH IHR
WISSEN BEZAHLT

AF141134

- Wir veröffentlichen Ihre Hausarbeit,
  Bachelor- und Masterarbeit

- Ihr eigenes eBook und Buch -
  weltweit in allen wichtigen Shops

- Verdienen Sie an jedem Verkauf

Jetzt bei www.GRIN.com hochladen
und kostenlos publizieren

Bibliografische Information der Deutschen Nationalbibliothek:

Die Deutsche Bibliothek verzeichnet diese Publikation in der Deutschen National-
bibliografie; detaillierte bibliografische Daten sind im Internet über http://dnb.d-
nb.de/ abrufbar.

Dieses Werk sowie alle darin enthaltenen einzelnen Beiträge und Abbildungen
sind urheberrechtlich geschützt. Jede Verwertung, die nicht ausdrücklich vom
Urheberrechtsschutz zugelassen ist, bedarf der vorherigen Zustimmung des Verla-
ges. Das gilt insbesondere für Vervielfältigungen, Bearbeitungen, Übersetzungen,
Mikroverfilmungen, Auswertungen durch Datenbanken und für die Einspeicherung
und Verarbeitung in elektronische Systeme. Alle Rechte, auch die des auszugsweisen
Nachdrucks, der fotomechanischen Wiedergabe (einschließlich Mikrokopie) sowie
der Auswertung durch Datenbanken oder ähnliche Einrichtungen, vorbehalten.

Impressum:

Copyright © 2012 GRIN Verlag, Open Publishing GmbH
Druck und Bindung: Books on Demand GmbH, Norderstedt Germany
ISBN: 9783668242890

Dieses Buch bei GRIN:

http://www.grin.com/de/e-book/334523/augustus-und-ovid-eine-betrachtung-des-
literarischen-werk-ovids-der-gesetzgebung

Patrizia Mund

Augustus und Ovid. Eine Betrachtung des literarischen Werk Ovids, der Gesetzgebung Augustus´ und dem Sittenskandal

Carmen et Error

GRIN Verlag

SEMINARARBEIT

im wissenschaftspropädeutischen Seminar

„Augustus und der Prinzipat"

Leitfach: Latein

Thema der Arbeit:

Augustus und Ovid

carmen et error

Inhaltsverzeichnis

1. Einleitung

Nachdem der Autor Publius Ovidius Naso, genannt Ovid[1], im Jahr 8 n. Chr. vom damaligen Princeps Gaius Octavius[2], bekannt als Augustus, nach Tomi verbannt wird[3], nennt er in seiner Exildichtung Tristia II carmen et error, also das Lied und der Irrtum, als Grund für sein Exil. Mit Carmen könnte seine Ars Amatoria, die Kunst des Liebens, gemeint sein[4]. Diese Dichtung ist damals ein sehr erfolgreiches Werk[5], das sich als „erotisches Lehrgedicht"[6] versteht. Allerdings scheint Ovid mit dem Inhalt dieses Gedichts auch die Ehegesetze des Augustus, genau genommen die Lex Iulia de adulteriis sowie die Lex Iulia de martiandis ordinibus, mal offensichtlich und mal mit Zweideutigkeit[7] zu kritisieren. Unter dem Irrtum, zu dem sich Ovid wohl aus gutem Grund nicht weiter äußern möchte[8], könnte man eine Anspielung auf den Sittenskandal der Iulia verstehen[9]. Iulia, die aus der ersten Ehe des Augustus mit Scribonia hervorgeht[10], "entfesselt[e] [...] einen politischen Skandal, in den mehrere jüngere Senatoren aus einflussreichsten Familien verwickelt waren"[11]. Ebenso spielt vielleicht sogar Ovid in diesem blamablen Vorfall eine Rolle[12]. Wie kritisch die damalige Situation für den Autor zu betrachten ist, hängt natürlich auch von der Sichtweise des amtierenden Princeps selbst ab. Wie verhielt sich also Augustus im Allgemeinen gegenüber den Menschen in seinem Umfeld, wenn es um seine Ehre sowie sein Verständnis von Moral ging? Wie provokant ist die Ars Amatoria tatsächlich aufzufassen und was hat es mit dem „Geheimnis des error"[13] auf sich? Was sich beim Sittenskandal wohl ereignet haben muss und ob eine mögliche Mitverwicklung Ovids wirklich als ausschlaggebend für die Verbannung angesehen werden kann, soll im Folgenden erörtert werden.

---

[1] Vgl. Holzberg, Niklas: Ovid. Dichter und Werk. Dritte Auflage, München, C. H. Beck, 2005, S. 31.
[2] Vgl. Eck, Werner: Augustus und seine Zeit. Fünfte Auflage, München, C. H. Beck, 2009, S. 11.
[3] Vgl. Ovid. Dichter und Werk, S. 33.
[4] Vgl. Ebd., S. 36.
[5] Vgl. Holzberg, Niklas: Ovid. Liebeskunst. Zweite Auflage, o.O., Artemis & Winkler, 2009, S. 203.
[6] Ebd., S. 203.
[7] Vgl. Ovid. Dichter und Werk, S. 19.
[8] Vgl. Ovid. Liebeskunst, S. 204f.
[9] Vgl. Augustus und seine Zeit, S. 70f.
[10] Vgl. Gizewski, Christian: Iulia, die Tochter des Augustus und Frau des Tiberius.
  URL: http://agiw.fak1.tu-berlin.de/Auditorium/BeGriRoe/SO13/Julia.htm (30.08.2011).
[11] Augustus und seine Zeit, S. 70f.
[12] Vgl. Ovid. Dichter und Werk, S. 54.
[13] Ebd., S.37.

2. Ovid und seine Zeit

2.1. Biografie

Kenntnisse über Ovids Leben basieren „fast ausschließlich auf Angaben des Ich-Sprechers" [14] in Ovids Exilgedicht Tristia[15], das „man als Autobiographie zu bezeichnen pflegt"[16]. Allerdings läuft man Gefahr, in diesem Werk die Elemente der fiktiven, „freie[n] Ausschmückung"[17] im Sinne der Poesie zu wörtlich zu nehmen[18], denn „dem Dichter ist die Intertextualität [...] offenbar wichtiger als [die] autobiographische Aussage" [19] seines Werks. So verfügen wir nur über wenige gewisse Fakten: Der sich selbst in seinen Werken mit Naso abkürzende Publius Ovidius Naso [20] wird am 20. März 43 v. Chr. in Sulmo nahe Rom „ als Mitglied einer alten Familie des Landadels geboren"[21], womit er „in Rom [...] [dem] zweiten Stand der Oberschicht [...] (Ritterstand)"[21] angehört. Er erfährt eine sehr gute Ausbildung „in Senecas Rhetorenschule"[22], welche ihm in Verbindung mit seinem Wohlstand den Zugang zur Ämterlaufbahn[23] freigibt. Er „st[eht] [bereits] unmittelbar vor der Quästur, der niedrigsten Senatorenwürde"[24], als er sich in einer Kehrtwendung für die Dichtung entscheidet. Da finanzielle Unterstützung für ihn gar nicht nötig scheint, wirkt seine Mitgliedschaft im Mesallakreis, was für ihn Förderung durch den „einflußreichen Patrizier"[25] Messalla bedeutet hätte, allerdings fragwürdig[26].Ovids Aussage, er habe schon mit 18 Jahren seine „erste öffentliche Rezitation von Amores-Gedichten"[27] abgehalten und sein, ebenso wie die Mutter und der Bruder, früh verstorbener Vater[28] habe Ovids Talent "zur brotlosen Kunst erklärt[e]"[29], ist wohl in den Part der „fiktionale[n] Ich-Erzählung"[30] einzuordnen[31]. Im Privatleben heiratet

---

[14] Ovid. Dichter und Werk, S.31.
[15] Vgl. Ebd., S. 31.
[16] Ebd., S. 31.
[17] Ebd., S. 34.
[18] Vgl. Ebd., S. 36.
[19] Ebd., S. 32.
[20] Vgl. Ebd., S. 31.
[21] Ebd., S. 33.
[22] Kauf, Thomas: Ovids Ars Amatoria und die augusteischen Ehegesetze, o.O., GRIN Verlag, 2006, S.4.
[23] Vgl. Ovid. Dichter und Werk, S. 33.
[24] Ebd., S. 33.
[25] Ebd., S. 38.
[26] Vgl. Ebd., S. 38.
[27] Ebd., S. 34.
[28] Vgl. Ebd., S. 33.
[29] Ebd., S. 34.
[30] Ebd., S. 27.
[31] Vgl. Ebd., S. 34.

Ovid zweimal, bevor erst aus seiner dritten und auch letzten Ehe eine Tochter und zwei Enkelkinder hervorgehen. Von seiner Familie, seinen Freunden, Rom und seinem Kulturkreis sowie seinem Publikum[32] wird Ovid jedoch um 8 n. Chr. getrennt, als er vom derzeit herrschenden Princeps Augustus „nach Tomi [...] am Schwarzen Meer verbannt"[33] wird, wo er um 17 oder 19 n. Chr. stirbt. Hierbei handelt es sich um die „mildere[n] Form der relegatio (Verweisung)"[33]: Er verliert weder seinen Wohlstand, noch sein Recht als Bürger Roms[34]. Den Grund für das Exil benennt der Dichter in Tristia II mit carmen et error, dem Lied und der Verfehlung. Auf error geht er kaum ein, es ist nur herauszulesen, dass er keine Rechtswidrigkeit begangen habe, sondern Zeuge eines Ereignisses sei[35], „ohne dass ihm dies jedoch irgendeinen Vorteil eingebracht habe"[36]. Fest steht, es muss „den Kaiser [so] sehr gekränkt habe[n]"[37], dass über die Angelegenheit unbedingtes Schweigen gelegt werden muss[38]. Zu carmen äußert er sich hingegen offener, wobei der Verdacht nahe liegt, er habe diesen Grund „nur erfunden, um sich überhaupt rechtfertigen zu können"[39]. Denn unter carmen könnte man die Ars Amatoria verstehen, welche sich, wie später genauer erörtert, definitiv den Ehegesetzen des Augustus widersetzt[40], allerdings bereits acht Jahre zuvor veröffentlicht wird[41]. Eher stellt sich die Frage, ob es einen Zusammenhang zwischen Ovid und der „vermutlich im selben Jahr"[42] verbannten Enkelin des Augustus gibt. Tatsächlich können die Experten nicht genau sagen, welcher politischen Richtung der Autor angehört, beziehungsweise ob die Politik denn überhaupt in seinem Interesse liegt[43]. Fakt jedoch ist, dass er es nicht für nötig hält, sich ein Blatt vor den Mund zu halten. Denn auch wenn er nicht der einzige provokante Autor seiner Zeit ist, überschreitet seine Ars Amatoria sämtliche Grenzen gegenüber der Politik[44]. Nachdem Ovid auch trotz seiner Verbannung noch Werke publiziert, kommt eine stattliche Sammlung von Manuskripten zusammen: Seine erste Veröffentlichung sind die Amores, darauf folgen die Epistulae Heroidum und die Medicamina faciei femineae. Die Ars Amatoria wird vor dem Gegenstück Remedia Amoris herausgegeben. Schließlich erscheint die Medea, bei deren

---

[32] Vgl. Ovid. Dichter und Werk, S. 33-35.
[33] Ebd., S. 33.
[34] Vgl. Ebd., S. 33.
[35] Vgl. Ovid. Liebeskunst, S. 204.
[36] Ebd., S. 204.
[37] Ovid. Dichter und Werk, S. 36.
[38] Vgl. Ovid. Liebeskunst, S. 204.
[39] Ebd., S. 204.
[40] Vgl. Ebd., S. 204f.
[41] Vgl. Ovid. Dichter und Werk, S. 36.
[42] Ebd., S. 54.
[43] Vgl. Ebd., S. 17.
[44] Vgl. Jors, Paul: Die Ehegesetze Des Augustus, Marburg, N. G. Elwert'sche Verlagsbuchhandlung, 1894. Neu verlegt. o. O., Kessinger Publishing, o. J., S. 43f.

Zuordnung zum Autor man sich noch nicht ganz sicher ist. Ebenso wird sowohl über eine eventuelle Fortsetzung der Epistulae Heroidum, also auch über einen Vorgänger der Fasti und der Metamorphosen spekuliert. Gewiss ist, dass in der Verbannung Tristia, Epistulae ex Ponto, sowie Ibis entstanden. Zudem werden die Fasti, wie wohl auch die Metamophosen, nach der letzten Überarbeitung herausgegeben, vorausgesetzt, dass Vorgänger existieren, und vielleicht sogar ein zweiter Teil der Epistulae Heroidum[45]. Hinzu kommen drei „ als Ovidisch ausgegebene[n] Dichtungen"[46], die Consolatio ad Liviam, Nux und Halieutica, über deren Ursprung sich die Experten bis heute noch nicht einigen können[47].

2.2. Ovids historisches Umfeld

In Ovids früher Kindheit ist „die politische Konstellation [...] nach dem Mord an Caesar noch nicht geklärt"[48] und sorgt damit für jahrelange - teils militärische - Auseinandersetzungen zwischen Republikanern und Caesarianern. So bilden Antonius, Lepidus und Octavian, der Adoptivsohn Caesars, ein offizielles Triumvirat[49], um einen gewaltsamen „Kampf gegen die Caesarmörder [zu] führen"[50]. So treffen sie 42 v. Chr. in Phillipi auf Brutus und Cassius, zwei Caesarmörder und Vertreter der Republik, die in diesem Kampf ums Leben kommen[51]. Obwohl Antonius den erfolgreichen Zug des Octavian gegen Sextius Pompeius, der aufgrund seiner Macht im Weg steht, unterstützt, geraten Antonius und sein ursprünglicher Verbündeter trotzdem in der Schlacht bei Actium am 2. September 31 v. Chr.[52] aneinander[53]. Diese finale, den Bürgerkrieg beendende Schlacht gewinnt Octavian. Mit der endgültigen Beseitigung der Unruhen des Bürgerkrieges wird er nun demonstrativ „als Friedensbringer gefeiert"[54]. Außerdem bringt er Rom in eine neue Blütezeit, in der die „republikanische Tradition wiederbelebt[e]"[55], die Sicherheit und die Infrastruktur verbessert[56] und das territoriale Gebiet deutlich vergrößert[57] wird. Zudem stellen sich Dichter wie Properz und Horaz zur Propaganda

---

[45] Vgl. Ovid. Dichter und Werk, S. 48.
[46] Ebd., S. 40.
[47] Vgl. Ebd., S. 40f.
[48] Augustus und seine Zeit, S. 13.
[49] Vgl. Ebd., S. 18.
[50] Ebd., S. 19.
[51] Vgl. Ebd., S. 20.
[52] Bauer, Martin: Schlacht bei Actium.
    URL: http://www.uni-protokolle.de/Lexikon/Schlacht_bei_Actium.html (23.08.2011).
[53] Vgl. Augustus und seine Zeit, S. 27.
[54] Ebd., S. 42.
[55] Ebd., S. 63.
[56] Vgl. Ebd., S. 74-76.
[57] Vgl. Ebd., S. 90.

an seine Seite[58]. Er verspricht, „die alte republikanische Ordnung [...] wiederherzustellen"[59], allein weil die Ermordung Caesars zu deutlich zeigt, dass dessen monarchisches Modell „als politische Möglichkeit"[60] definitiv ausscheidet. Als einziger Princeps („während der Republik ha[b]en stets mehrere solcher Principes das Gemeinwesen geführt"[61]) bildet er das Prinzipat, „eine Monarchie im republikanischen Gewande"[62]. Es handelt sich also lediglich um eine Scheinrepublik, um den Erwartungen gerecht zu werden und trotzdem Alleinherrscher zu sein. Doch die pax Augusta[63] bringt mit wachsender Macht des Augustus auch die Infragestellung der Freiheit: Die politischen Personen müssen sich in ihren Taten zurückhalten, um den Princeps nicht schwerwiegend zu verärgern. Ein Exempel hierfür ist sein Vertreter C. Cornelius Gallus, der aufgrund seines zu selbstherrlichen Verhaltens ein Dorn im Auge des Caesar divi filius wird. Durch Beendigung der Freundschaft von Seiten des Augustus verliert Gallus in diesem Skandal seine politische Karriere und sein gesamter Besitz wird ihm vom Senat entzogen, woraufhin er sich das Leben nimmt[64]. Augustus beweist Intoleranz. Ebenso der „trügerische Glanz"[65] (Siege Anderer werden Augustus zugeschrieben[66]) und die übertriebene „Inszenierung der Dankbarkeit"[67], wie die Titulatur ‚Augustus', zu deutsch: der Erhabene[68], bringen „Zweifel an dem Idealbild"[68]: Denn bei dem Teil der Population, dem auch Ovids Generation angehört und der die Gewalt des Bürgerkrieges nicht mehr kennt, ist die „Wiederherstellung der Republik"[69] als Grund für die Vergöttlichung kein wirksames Argument. Es ist heute also nicht mehr ersichtlich, ob es sich bei Augustus um einen „verantwortungsvollen Friedensherrscher[s] [,] eine[n] selbstherrlichen Diktator[s]"[70] oder vielleicht um eine Mischform aus beidem handelt. Tatsache jedoch ist, dass Augustus trotz der Krisenjahre 4-14 n. Chr.[71], in denen die römische Außenpolitik „schwere Niederlagen"[72] erfuhr, ein damals unvergleichliches Reich schuf, über das der heutigen Welt noch zu staunen bleibt.

---

[58] Vgl. Ovid. Dichter und Werk, S. 50.
[59] Augustus und seine Zeit, S. 42.
[60] Augustus und seine Zeit, S. 41.
[61] Ebd., S. 49.
[62] Steinke, Andrea: Der Prinzipat. Eine Monarchie im republikanischen Gewande.
URL: http://www.info-antike.de/prinzi.htm (22.08.2011).
[63] Vgl. Augustus und seine Zeit, S. 89.
[64] Vgl. Ebd., S. 50f.
[65] Ebd., S. 47.
[66] Vgl. Ebd., S. 58.
[67] Ebd., S. 57.
[68] Vgl. Ebd., S. 48.
[69] Ebd., S. 47.
[70] Ovid. Dichter und Werk, S. 17.
[71] Vgl. Ebd., S. 52.
[72] Ebd., S. 52.

2.3. Die augusteischen Ehegesetze

Augustus bemüht sich während seiner Regierungszeit anhand neuer Gesetze „eine Neuordnung des Staates"[73] zu schaffen, um der durch den Bürgerkrieg[74] „verwilderte[n] Gesellschaft"[75] mit ihrer negativen Haltung gegenüber der Ehe[76] eine neuen Maßstab näherzubringen. Denn es entsteht die Befürchtung, dass die herrschende Moral „eine völlige Entartung des römischen Volkes"[77] bedeuten könnte[78]. So verfassen Dichter wie Horaz propagandistische Oden, die sowohl gegen den Materialismus und die Habgier der Bevölkerung sprechen, als auch gegen die Verweichlichung der Jugend[79], weil „nur bei gesunden Ehezuständen auf eine kriegstüchtige Jugend zu rechnen sei"[80]. Eben dies trage Schuld daran, dass Rom gegenüber seinen ewigen „Erbfeinde[n]"[81] verwundbar sei. Also werden in der Hoffnung, einen „Sinn für Ehe- und Familienleben"[82] entwickeln zu können, unter anderen die Gesetze Lex Iulia de martiandis ordinibus (Iulisches Gesetz über die ehelichen Anordnungen) und Lex Iulia de adulteriis (Iulisches Gesetz über ehebrecherisches Treiben) in Kraft gesetzt[83]. Allerdings treffen diese augusteischen Ehegesetzte durchaus auf die scharfe Kritik, die Zustände fänden mit Gesetzen alleine keine Besserung[84]. Es entwickeln sich vorwiegend von Seiten des Ritterstandes Aufstände[85] und eine „allgemeine Abneigung"[86] ist kaum noch zu verleugnen. Letztlich muss der Princeps aufgrund seiner eigenen Vergangenheit sogar Spott über sich ergehen lassen[87], immerhin kam seine zweite Ehe mit Livia ab dem 17. Januar 38 v. Chr. nur durch eine Sondererlaubnis zustande, da beide zu diesem Zeitpunkt eigentlich noch an andere Ehepartner gebunden sind[88]. Deshalb sind auch in der derzeitigen Lyrik durchaus negative Bemerkungen, bzw. Anspielungen zu finden.

---

[73] Die Ehegesetze Des Augustus, S. 3.
[74] Vgl. Ebd., S. 16.
[75] Ebd., S. 3.
[76] Vgl. Ebd., S. 3f.
[77] Ebd., S. 9.
[78] Vgl. Ebd., S. 9.
[79] Vgl. Ebd., S. 11-13.
[80] Ebd., S. 14.
[81] Ebd., S. 13.
[82] Ebd., S. 35.
[83] Vgl. Ebd., S. 28.
[84] Vgl. Ebd., S. 12.
[85] Vgl. Ebd., S. 55.
[86] Vgl. Ebd., S. 62.
[87] Vgl. Ebd., S. 35.
[88] Vgl. Augustus und seine Zeit, S. 25.

2.3.1. Lex Iulia de martiandis ordinibus

Das Iulische Gesetz über die Eheverordnung versucht unter Anderem „indirect [sic!] durch Belohnungen oder Strafen"[89] dafür zu sorgen, dass gewisse Kriterien eingehalten werden, die die Ehe- und Kinderlosigkeit[90] sowie „das Element der Freigelassenen in der römischen Bevölkerung"[91] beschränken sollen. „[D]ie Nichtigkeit der Ehe"[92] tritt immer dann ein, wenn sie nicht „von dem Gesetz selbst anerkannt w[ird]"[92]. Dies ist zum Beispiel bei der Libertinenehe der Fall, jedoch beschränkt sich jenes Verbot letztlich nur noch auf den Stand der Senatoren[93]. So ist die Ehe einer Freigelassenen mit einem Senator, der dadurch zum incapax (dies bedeutet wohl, dass man ihn als für sein Amt unfähig ansieht) wird, oder die Verbindung eines Freigelassenen mit der Tochter eines Senators, die dadurch nicht ihrer Geschlechtsvormundschaft entkommt, als ungültig anzusehen[94]. Ebenso ist auch die Eheschließung eines Freigeborenen mit einer Schauspielerin, Kupplerin[95] oder „öffentlichen Dirne [...] unmöglich"[96]. Zudem werden in der Politik den „Verheirateten und Vätern [...] Vorz[ü]g[e] eingeräumt"[97], man erlaubt Müttern von drei Kindern[98] besondere, statusträchtige Kleidung zu tragen wohingegen den Unverheirateten es jedoch vorenthalten wird, den Saecularspielen zuzusehen[99].

2.3.2. Lex Iulia de adulteriis

Die Lex Iulia de martiandis ordinibus und die darauf folgende Lex Iulia de adulteriis scheinen definitiv ineinander zu greifen[100]: So werden einerseits Gesetzeslücken des ersten Gesetzes, wie zum Beispiel „das Unwesen, [sich] mit Kindern [zu] verlob[en]"[101] oder Scheinehen einzugehen, um Strafen zu entkommen[102], aufgefüllt. Andererseits werden Erweiterungen wie

---

[89] Die Ehegesetze Des Augustus, S. 22.
[90] Vgl. Ebd., S. 20.
[91] Ebd., S. 24.
[92] Ebd., S. 21.
[93] Vgl. Ebd., S. 23f.
[94] Vgl. Ebd., S. 21.
[95] Vgl. Ovids Ars Amatoria und die augusteischen Ehegesetze, S. 8.
[96] Ebd., S. 24.
[97] Ebd., S. 27.
[98] Ebd., S, 41.
[99] Vgl. Ebd., S. 31-33.
[100] Vgl. Ebd., S. 39.
[101] Ebd., S. 38.
[102] Vgl. Ebd., S. 28.

„die Erschwerung der Scheidungen"[103] sowie „Strafen für die geschlechtlichen Vergehungen"[104] Ehebruch, Kuppelei, Unzucht und Blutschande (adulterium, lenocium, stuprum, incestus) hinzugefügt[105]. So waren also die Ehegatten auch dazu verpflichtet, bei Kenntnisnahme eines solchen Delikts „einzuschreiten und diese[n] anzuzeigen"[106]. Ebenso war es Vierten untersagt, Schweigegeld anzunehmen[107]. Vergehen gegen dieses Gesetz werden dann meist mit der milderen Form der Verbannung, der relegatio, geahndet[108].

3. Ars Amatoria

3.1. Die Ars Amatoria als typische Elegie?

In der Ars Amatoria finden sich ganz deutlich „Strukturen und Motive"[109], die auf das elegische System hinweisen: Formal betrachtet ist es das gattungstypische „sich aus Hexametern und Pentametern zusammensetzende[n]"[110] elegische Distichon[111], dessen der Autor sich bedient. In Bezug auf den Inhalt erzählt auch hier der Verfasser als „römische[r] poeta (Dichter) von seinen Erfahrungen als amator (Liebhaber) mit einer puella (junge Frau)"[112]. Diese Art der Dichtung verkauft das Geschriebene als „autobiographische[s] Bekenntnis"[113], da der Dichter vorgibt mit dem Liebhaber ein und dieselbe Person zu sein und lediglich seine Erfahrungen weiterzugeben[114]. Im Normalfall wird dann „die treue Liebe"[115] des amator/poeta mit der „Treulosigkeit"[115] der puella konfrontiert, woraufhin der „junge Römer"[115] sich dieser trotzdem vollkommen unterwirft. So sehr, dass seine Tätigkeit mit „servitium amoris (erotischer Sklavendienst)"[115] bezeichnet wird. Das kann dann beispielsweise bedeuten, dass, wenn also der Liebende von der Frau abgewiesen wird, er durchaus die Nacht trauernd vor deren Haus verbringt[116]. Ja, „besonders stolz ist der elegisch Liebende [sogar] darauf"[117] kein Materialist zu sein und vollkommen im Namen der Liebe sich selbst zu opfern[118]. „Unter einer Elegie [ist

---

[103] Vgl. Ebd., S. 38.
[104] Die Ehegesetze Des Augustus, S. 38.
[105] Vgl. Ebd., S. 38.
[106] Ovids Ars Amatoria und die augusteischen Ehegesetze, S.21.
[107] Vgl. Ebd., S. 21.
[108] Vgl. Ebd., S. 9.
[109] Ovid. Dichter und Werk, S. 20.
[110] Ovids Ars Amatoria und die augusteischen Ehegesetze, S. 10.
[111] Vgl. Ebd., S. 10.
[112] Ovid. Dichter und Werk, S. 20.
[113] Ebd., S. 20f.
[114] Vgl. Ebd., S. 20f.
[115] Ebd., S. 21.
[116] Vgl. Ebd., S. 21.
[117] Ebd., S. 22.
[118] Vgl. Ovid. Dichter und Werk, S. 21f.

also] primär ein Klagegedicht [zu] verst[ehen]"[119], bei der „die Erfolglosigkeit erotischen Werbens charakteristisch"[119] scheint. Allerdings ist es wichtig, poeta und amator dennoch voneinander zu trennen, denn das Beschriebene ist nur als „Erfindung poetischer Phantasie"[119] anzusehen, da der Autor nur eine „fiktive Rolle einnimmt"[120]. So gibt Ovid in der Tristia II selbst zu, dass „ein großer Teil [s]einer Werke unwahr und erfunden"[121] sei. Ovids besonderes Verhalten gegenüber dem elegischen System ist aber das Hinzufügen der bereits erwähnten „Intertextualität"[121], also das „beziehungsreiche[s] Spiel mit Texten und Kontexten"[122]: er schafft es durch „sprachliche Spielereien"[123], das „versteckte Hereinnehmen der Texte anderer Autoren"[124] und der andauernden Argumentationen anhand antiker Mythen[125] nicht nur, „einen latenten Zeitbezug"[126] auf die jeweils angesprochenen Sagen zu belegen und somit die perfekte „Doppeldeutigkeit"[127] zu erstellen. Nein, es ist ihm sogar möglich, vorangegangene Elegien „zu parodieren und am Ende ad absurdum zu führen"[128] und somit seinen „Witz und die Fähigkeit zum psychologischem Beobachten zu [...] vereinen"[129]. Hinzu kommt, dass Ovid „in die Rolle eines Lehrers der ‚angewandten Sexualwissenschaft' schlüpft"[130], des sogenannten „preceptor amoris (Lehrer der Liebe)"[131], und somit den „Bereich der Elegie auf den des Lehrgedichts erweiter[t]"[132]. So lehrt Ovid zum Beispiel seinem Schüler die eigenen Tränen listig vorzutäuschen, um das Gehör der Angebeteten zu gewinnen, und zieht somit den „elegischen Liebenden[, für den] Weinen sogar besonders typisch"[133] ist, vollkommen ins Lächerliche.

3.2. Inhalt

Zunächst ist das Werk in drei Bücher unterteilt, die ersten zwei unterrichten die Männer und das dritte ist als entsprechendes Gegenstück der Frauenwelt gewidmet[134]. Am Beginn seines erotischen Lehrbuches gibt der Autor Ovid an, in welcher Reihenfolge seine Lehre aufgebaut

---

[119] Ovid. Dichter und Werk, S. 21.
[120] Ebd., S. 119.
[121] Ebd., S. 32.
[122] Ebd., S. 24.
[123] Ebd., S. 19f.
[124] Ebd., S. 15.
[125] Vgl. Ebd., S. 104.
[126] Ebd., S. 16.
[127] Ebd., S. 19.
[128] Ebd., S. 22.
[129] Ebd., S. 7.
[130] Ebd., S. 18.
[131] Ebd., S. 101.
[132] Ebd., S. 101.
[133] Ebd., S. 105.
[134] Vgl.Ebd., S. 102.

ist: Zuerst sei „das Objekt [der] Liebe zu finden"[135], dann umwerbe man es und letztlich sorge man dafür, dass die Beziehung andauere[136]. Im ersten Buch also nennt er „in einer Art Stadtrundgang"[137] einige Lokalitäten der Weltstadt Rom, wie das Forum Romanum mit seinen vielen Tempeln und das Theater[138], sowie Festivitäten wie einen Triumphzug[139] und einem Gastmahl[140], wo die zu suchenden Personen beider Parteien[141] sich zu befinden scheinen: So soll sich die Frau für die erste Kontaktaufnahme nur um „ein möglichst attraktives Erscheinungsbild"[142] kümmern. Es sollen anhand „optimale[r] Frisuren[...], Kleidung[...] und Kosmetik"[143] die „männlichen Wunschvorstellungen von weiblicher Schönheit"[144] erfüllt werden[144]. Damit liegt es am Mann die Initiative zu ergreifen[145], zuerst „ein vertrautes Gespräch [zu] beginnen"[146] und dann keine Gelegenheit auszulassen, „[s]ich dienstfertig [zu] zeig[en]"[147] oder sein Wissen, wenn auch nur vorgetäuscht, zeigen zu können[148]. Die „ars fallendi (Kunst des Täuschens)"[149] tritt hier ein erstes Mal in Erscheinung. Denn der Autor lässt die von ihm gelehrten Liebschaften „wie ein kultiviertes Gesellschaftsspiel aussehen"[150], indem er sich - vorausgesetzt, dass denn „erotische Verstrickungen rational plan- und organisierbar sind"[151] - einer gewissen „Täuschungsstrategie"[152] bedient. Der Satz "Liebe, die eben noch nicht echt war, die wird es bald sein"[153] zeigt ganz genau worauf der praeceptor amoris hinauswill: Das Objekt der Begierde vorerst heuchlerisch für sich gewinnen[154], um sich später tatsächlich zu verlieben. Beim Erkämpfen der Gunst der Angebeteten soll diese folglich mit Versprechungen wie dem Kauf von Schmuck hingehalten werden[155]; der Autor fragt den Leser sogar: „[W]as schadet es schon zu versprechen?"[156]. Oder der amator soll bei mehr oder weniger aufgesetzter

---

[135] Ovid. Liebeskunst, I 35.
[136] Vgl. Ebd., I 38.
[137] Ovid. Dichter und Werk, S. 103.
[138] Vgl. Ovid. Liebeskunst, I 67-100.
[139] Vgl. Ebd., I 217-228.
[140] Vgl. Ebd., I 229-244.
[141] Vgl. Ebd., III 381-397..
[142] Ovid. Dichter und Werk, S. 112.
[143] Ebd., S. 112.
[144] Vgl. Ovid. Liebeskunst, III 129-309.
[145] Vgl. Ebd., I 707-711.
[146] Ebd., I 144.
[147] Ebd., I 152.
[148] Vgl. Ebd., I 219-228.
[149] Ovid. Dichter und Werk, S. 105.
[150] Ebd., S. 103.
[151] Ebd., S. 102.
[152] Ebd., S.105.
[153] Ovid. Liebeskunst, I 918.
[154] Vgl. Ebd., I 597-646.
[155] Vgl. Ebd., I 442-453.
[156] Ovid. Liebeskunst, I 443.

Trauer möglichst „bemitleidenswert [...] erscheinen"[157] und der puella wird empfohlen „Tränen füge hinzu und erheuchelten Schmerz"[158]. Auch die Magd der puella wird miteinbezogen: Der Mann soll sie heimlich kennenlernen, um sie durch deren Mitwissen, sofern sie das Geheimnis bewahren kann, als Gehilfin und Informantin für sich zu gewinnen[159]. Gleichsam wird der puella geraten, die Unterstützung ihrer Magd und Freundin ebenso in Anspruch nehmen[160], wobei der Autor ausdrücklich sein Publikum vor der Unzuverlässigkeit der Angestellten und der Freunde, die sich zu schnell zu Rivalen entwickeln können[161], warnt. Im allgemeinen Umgang zwischen Mann und Frau gilt die Regel, dass der Mann geduldig bleiben und, zumindest scheinbar, der puella die Spielregeln überlassen soll[162], ganz nach dem Motto „wie deine Herrin es will, mußt du vergeuden die Zeit"[163]. Ovid schafft hier die „Humanisierung des servitium amoris"[164], wie man ihn ursprünglich aus den typischen Liebeselegien kennt. Um die errungene Beziehung aufrecht zu erhalten, lehrt der praeceptor amoris eine Art Machtspielchen. Er gibt beiden Parteien nicht nur sehr genaue Angaben, wie man betrügt[165], sondern auch „eine Reihe von Anweisungen für das Verheimlichen von Seitensprüngen"[166] in seinem Werk[167]. Zudem lehrt er - um durch die Eifersucht des Partners die Beziehung frisch zu halten - die Instrumentalisierung der eigenen Untreue[168] und wie mit Treulosigkeit des Partners umgegangen werden soll[169]. „Selbsttäuschung"[170] zu beherrschen um den Seitensprung der „Geliebten als Vorz[u]g[e] anzusehen"[171], scheint die wohl schwierigste in diesem Buch gelehrte Kunst zu sein[171]. Beim Lesen des Buches fällt sofort auf, dass der Part für die Frauen „weniger in ihrem eigenen Interesse als in dem der Männer"[172] geschrieben scheint. Die Frau wird offensichtlich auf „eine Puppe"[173] reduziert, ihre Hilfestellung „liest sich wie ein Katalog"[174]. Es ist aber dringend zu berücksichtigen, dass der Frau nicht nur dieselben Ratschläge wie der Männerwelt gegeben werden, sondern, dass die Tricks der Männer entlarvt

---

[157] Ebd., I 737.
[158] Ebd., III 677.
[159] Vgl. Ebd., II 351-372.
[160] Vgl. Ebd., III 621-651.
[161] Vgl. Ebd., III 659-666.
[162] Vgl. Ebd., I 487-504, II 197-232.
[163] Ebd., I 504.
[164] Ovid. Dichter und Werk, S. 108.
[165] Vgl. Ovid. Liebeskunst, I 569-596.
[166] Ovid. Dichter und Werk, S. 109.
[167] Vgl. Ovid. Liebeskunst, II 409-424, III 611-650.
[168] Vgl. Ebd., II 433-463, III 591-610.
[169] Vgl. Ebd., II 539-596, III 683-736.
[170] Ovid. Dichter und Werk, S. 109.
[171] Vgl. Ebd., S. 109.
[172] Ebd., S. 112.
[173] Ebd., S. 113.
[174] Ovid. Dichter und Werk, S. 133.

werden. Das, obwohl sich Ovid des Verrates seiner eigenen Partei vollkommen bewusst ist[175].

Folglich zeigt er der puella lediglich ihren Weg „[i]n der Kunst der Erzeugung von Illusionen"[176] im optischen Bereich wesentlich ausführlicher als den Männern. Eine sehr viel größere Infragestellung der emanzipierten Einstellung Ovids bietet die Behauptung, der Schüler dürfe und könne das Mädchen doch tatsächlich mit Gewalt umstimmen. War es doch Ovid selbst, der nicht nur in den Fasti und den Metamorphosen[177] „in zahlreichen Geschichten über eine Vergewaltigung"[178] schildert, wie sehr „die betroffene Frau seelisch leidet"[192], sondern eben auch noch in der Ars Amatoria[179]? Wenn man zudem betrachtet, dass das höchste Ziel des Lehrers, der gemeinsame Orgasmus[180], der zu verurteilenden „Lust [...] aus reiner Plicht"[181] gegenüber gestellt wird, scheint die Gleichberechtigung dem Lehrer doch eigentlich sehr wichtig. Welche Gründe der Autor wohl gehabt haben muss, kann nur spekuliert werden: Zeigt der praeceptor amoris mit Absicht, dass er nicht nur dem Leser das Täuschen lehrt sondern auch diesen ab und zu täuscht um die Ernsthaftigkeit seines Buches zu vernichten?[182]

3.3. Anspielungen auf die Ehepolitik des Augustus in der Ars Amatoria

Ovid lobt zwar in seiner Liebeselehre das augusteische Rom in den höchsten Tönen, indem er das Rom der Vergangenheit mit dem seiner Gegenwart vergleicht und jubelt, wie glücklich er sich schätzt, in dieser Zeit zu leben[183]. Zudem schützt sich der Autor gleich am Anfang seines Werkes vor Anschuldigungen, indem er warnt[184], „sein Buch sei nur für ‚Mädchen', nicht zur Verlockung von Frauen geschrieben"[185] und betont immer wieder erneut „Nur soweit das Gesetz es gestattet, [t]reib´ ich dies Spiel"[186]. „Dass es ihm aber mit seiner Warnung nicht ernst gewesen ist, liegt auf der Hand:"[187] Denn ganz geschickt bildet Ovid hier einerseits seine Abwehr und andererseits verstärkt er bewusst die Neugierde an seinem Buch, aus dessen Lehren auch ehrbare Frauen ihre Schlüsse ziehen können[188].

---

[175] Vgl. Ovid. Liebeskunst, III 667-673.
[176] Ovid, Dichter und Werk, S. 114.
[177] Vgl. Ebd., S. 106.
[178] Ebd., S. 106
[179] Vgl. Ovid. Liebeskunst, I 117-130.
[180] Vgl. Ebd., II 725-732.
[181] Ebd., II 687.
[182] Vgl. Ovid. Dichter und Werk, S. 106.
[183] Vgl. Ovid. Liebeskunst, III 113-122.
[184] Vgl. Die Ehegesetze Des Augustus, S. 44.
[185] Ebd., S. 44.
[186] Ovid. Liebeskunst, II 599-600.
[187] Die Ehegesetze Des Augustus, S. 44.
[188] Vgl. Die Ehegesetze Des Augustus, S. 44f.

3.3.1. Zu Lex Iulia de martiandis ordinibus

Denn ganz offenkundig zeigt der preaceptor amoris in der Ars Amatoria seine negative Meinung zum Thema Ehe: So stellt er „die Institution der Ehe [...] [der] freien Liebe entgegen"[189], indem er klar nachvollziehbar sämtliche Nachteile der Heirat aufweist. Beispielsweise, wie es zu regelmäßigen Streitereien kommt, da es aufgrund der gegenseitigen Verpflichtung und dem damit einhergehenden Verlust des „Werbecharakter[s]"[190] nicht mehr notwendig erscheint, mit „zärtliche[n] Worte[n]"[191] den Partner zu umbuhlen um die Beziehung aufrecht zu erhalten[192]. Oder, dass die Verbindung nach einiger Zeit den „Reiz"[193] verliert, „[d]enn [die Ehegatten] können zu ihr[en Frauen] kommen, wann immer sie wollen"[194] und so komme der Geschlechtsverkehr nur noch aus „reiner Pflicht"[195] ,vor allem von der Seite der Frau, und nicht mehr wegen des ursprünglichen Sinnes, der beidseitigen Lust, zustande[196]. Außerdem ist der Kommentar des praeceptors „Dies gehört sich, dies wolln Kaiser, Gesetzte und Scham"[197] zu den von einer Ehefrau geforderten Verhalten definitiv als generelle Kritik an den Vorschriften einzustufen. Somit bleiben letztlich der Bezug auf das Ehegesetz des Augustus[198] und Ovids Propaganda „eine[r] Haltung [...], die der offiziellen Politik [...] diametral gegenübersteht"[199] nicht mehr anzuzweifeln.

3.3.2. Zu Lex Iulia de adulteriis

Vor allem der Ruf des Gesetzes über den Ehebruch litt unter Ovids Werk, denn „jede [einzelne] Seite predigt Verführung"[200]. So preist die Lehrfigur des Autors nicht nur systematisch das Fremdgehen[201] im Sinne einer Funktion, zum Beispiel um Eifersucht zu erwecken. Sondern auch das Verführen einer bereits verheirateten Person[202] sowie das zu verheimlichende Betrügen der eigenen Ehefrau[203] oder des Gemahls[204] wird gelehrt und gerechtfertigt, indem er

---

[189] Ovids Ars Amatoria und die augusteischen Ehegesetze, S. 16.
[190] Ebd., S. 17.
[191] Ovid. Liebeskunst, II 152.
[192] Vgl. Ebd., II 145-176.
[193] Ovids Ars Amatoria und die augusteischen Ehegesetze, S. 17.
[194] Ovid. Liebeskunst, III 586.
[195] Ebd., II 687.
[196] Vgl. Ebd., II 685-692.
[197] Ovid. Liebeskunst, III 614.
[198] Vgl. Die Ehegesetze Des Augustus, S. 45.
[199] Ovids Ars Amatoria und die augusteischen Ehegesetze, S. 17.
[200] Die Ehegesetze Des Augustus, S. 44.
[201] Vgl. Ovid. Liebeskunst, III 491-496.
[202] Vgl. Ebd., I 569- 586.
[203] Vgl. Ovid. Liebeskunst, II 387-414.
[204] Vgl. Ebd., III 611-626.

sämtliche Schuld dem Gatten zuweist[205]. Dabei ist Ovid tatsächlich so offen und durchaus mutig, zu schreiben, dass er „Sittsame[n] Anstand [...] in Gefahr"[206] bringt und „Treue [...] ein leerer Begriff"[207] sei. Damit ist deutlich herauszulesen, dass die Gesellschaft „sich allgemein nicht sonderlich um die Lex Iulia des adulteriis kümmert"[208].Ein wichtiger Teil der Antipropaganda ist zudem auch, dass der praeceptor sich mit dem Thema Unzucht im Sinne des Inzest und der Sodomie auseinandersetzt. Er geht mit Beispielen aus den antiken Sagen auf sexuelle Handlungen oder Fantasien in der direkten Verwandtschaft[209] und von Mensch zu Tier ein[210]. Bei letzterem kritisiert Ovid die Frau sogar, sie soll doch anstatt mit einem Tier, ihren Mann mit einem anderen Mann betrügen[211]. Die Krönung der Kritik jedoch ist die anhand der Mythologie dargelegte Fall, der zeigt, welch schwerwiegender Fehler das Fallenstellen des Betrogenen laut dem praeceptor ist[212] und wie die Mitwissenden Personen zu handeln haben. Die betrogene Person nämlich solle sich mit dem Zustand abfinden und mit Außenstehenden sei das Problem am besten durch Bestechung zu lösen[213]. Damit gibt der Liebeslehrer die eindeutige Aufforderung, sich der Verpflichtung Ehebruch anzuzeigen, zu widersetzen.

4. Der Sittenskandal der Iulia

Augustus erleidet die meisten Rückschläge in seiner eigenen Familie. Denn vor allem über seine Tochter Iulia und deren ausschweifenden, freizügigen und verdorbenen Lebensstil wird damals in ganz Rom geredet [214]. Die Tatsache, dass sie sich nicht im geringsten an die Vorschriften ihres Vaters hält, mehr Wein konsumiert als es ihr erlaubt ist, sich mit einer Vielzahl von Liebhabern umgibt[215] und somit scheinbar auch diversen Orgien beiwohnt[216], provoziert den Princeps und stellt die strenge und konservative Einstellung, die er auch von seinem Volk fordert, öffentlich in Frage. Als sie letztlich sogar soweit geht, einen Skandal auszulösen, bei

---

[205] Vgl. Ebd., II 367-372.
[206] Ebd., I 100.
[207] Ebd., I 740.
[208] Ovids Ars Amatoria und die augusteischen Ehegesetze, S. 18.
[209] Vgl. Ovid. Liebeskunst, I 283-287.
[210] Vgl. Ebd., I 290-302.
[211] Vgl. Ebd., I 310.
[212] Vgl. Ebd., II 577-596.
[213] Vgl. Ovids Ars Amatoria und die augusteischen Ehegesetze, S. 21.
[214] Vgl. Unbekannt: Julia, Tochter des röm. Kaisers Augustus.
   URL: http://www.zeno.org/DamenConvLex-1834/A/Julia,+Tochter+des+r%C3%B6m.+Kaisers+Augustus)
   (31.10.2011).
[215] Vgl. Bauer, Martin: Julia (Tochter des Augustus).
   URL: http://www.uni-protokolle.de/Lexikon/Julia_(Tochter_Augustus).html (31.10.2011).
[216] Vgl. Unbekannt: Die Familie des Kaisers Augustus.
   URL: http://www.judithmathes.de/rom/kaiserzt/augustus.htm (31.10.2011).

dem durch die Involvierung des Senats „Sex und Politik untrennbar"[217] werden[218], „muss[te] [Augustus] seine ehebrecherische Tochter in die Verbannung schicken"[219]. Als deren gleichnamige Tochter, also die Enkelin des Herrschers, mit ihren jungen 13 Jahren dasselbe Verhalten an den Tag zu legen pflegt[220] und die Opposition zu unterstützen scheint, wird diese im Zeitraum der politischen Krisenjahre um 8 n. Chr. ebenso verbannt. In dem selben Jahr wird auch Ovid ins Exil geschickt und von daher tritt der Verdacht nahe, dass es einen Zusammenhang zwischen dem unbekannten, ausschlaggebenden Ereignis und Grund für die Verbannung der Iulia und des Ovids geben könnte[221]. Hierzu gibt der Dichter nur an, er sei Mitwisser eines uns unbekannten Geschehens geworden. Da jedoch von den beteiligten Personen keine weiteren Angaben überliefert sind, wird an dieser Stelle wohl auch noch in der Zukunft ein großes Fragezeichen bestehen bleiben, was genau vorgefallen sein muss[222].

5. Fazit

Augustus beweist also bereits des Öfteren in politischen und sogar seinen eigenen familiären Kreisen, dass er im Normalfall keine Scheu kennt, seine Oppositionsanhänger oder diejenigen, die sein Machtmonopol gefährden könnten, zu entfernen. Dass also der Dichter Publius Ovidius Naso, über den wir fast ausschließlich aus seiner eigenen Exildichtung unsere Kenntnisse entnehmen, nicht umgehend nach der Veröffentlichung seiner Elegie Ars Amatoria verbannt wird, scheint definitiv eine Ausnahme darzustellen. Denn der Autor ironisiert und hinterfragt faszinierend geschickt dessen Familienpolitik anhand seiner Liebeslehre, in der er den Männern und Frauen Roms Ratschläge gibt, wie das Objekt der Begierde zu erobern sei. Genau genommen fokussiert er sich hier auf die bereits empfindlich zu behandelnden augusteischen Ehegesetze, die zu neuer Moral und Sittsamkeit der römischen Bevölkerung führen sollten. Dass sich Ovid dies leisten kann, könnte daran liegen, dass Augustus vielleicht einerseits durchaus auch die auf ihn bezogenen Schmeicheleien sowie die Abwehr des Dichters, er widerspräche keinem Gesetz, auffallen. Andererseits scheint er zu verstehen, dass nicht genau herauszulesen ist, ob es denn tatsächlich der Autor oder dessen Fantasiefigur des Liebeslehrers sei, die ihre Meinung hier proklamiert und geradezu das ganze Volk zu freier Liebe auffordert. Trotzdem wirkt es unfassbar, dass der intolerante Herrscher diese dennoch eindeutige Provokation zunächst hinnimmt, und ihn erst um 8 n. Chr., gleichzeitig mit der für ihren

---

[217] Augustus und seine Zeit, S. 71.
[218] Vgl. Ebd., S. 71.
[219] Die Ehegesetze Des Augustus, S. 43.
[220] Vgl. Julia, Tochter des röm. Kaisers Augustus.
[221] Vgl. Ebd., S. 52-54.
[222] Vgl. Ovid. Liebeskunst, S. 203f.

unsittlichen Lebensstil bekannte Enkelin des Augustus, verbannt. In seiner Exildichtung Tristia nennt Ovid carmen et error als Grund für sein Exil, wobei es auf der Hand zu liegen scheint, dass carmen auf seine Liebeselehre anspielt. So offensichtlich, dass man beinahe den Eindruck gewinnt, er verwendet sein Werk als Ausrede, um sich nicht hinsichtlich des errors äußern zu müssen. Denn die einzigen Informationen, die er uns in Bezug auf letzteres schenkt, ist, dass er wohl der unglückliche Mitwisser eines Geschehens sein muss. So lässt sich eben viel spekulieren, ob es denn einen Zusammenhang zwischen den gleichzeitigen Verbannungen der Enkelin Iulia und des Ovid gibt: Beispielsweise wurde der Dichter ja vielleicht Mitwisser eines Skandals im Herrscherhaus, von dem die Öffentlichkeit nie erfahren dürfte. Tatsache ist, dass irgendetwas vorgefallen sein muss und Ovid den Herrscher wohl unbeabsichtigt gefährdet. Letzten Endes ist es den Experten demnach nicht gelungen, sämtliche Zusammenhänge nachzuvollziehen, was neben der Unzuverlässigkeit der Quellen sicher auch daran liegen mag, dass zwischen der Gegenwart und den damaligen Geschehnissen zu viel Zeit liegt und sich die meisten Zeugnisse mit den Jahren verlieren. Somit ist es also unmöglich, ein verbindliches Fazit festzulegen und wohl auch ausgeschlossen, dass in der Zukunft noch weiter Erkenntnisse zu finden sind.

Literaturverzeichnis

Primärliteratur

- Holzberg, Niklas: Ovid. Liebeskunst. Zweite Auflage, o.O., Artemis & Winkler, 2009

Sekundärliteratur

- Eck, Werner: Augustus und seine Zeit. Fünfte Auflage, München, C. H. Beck, 2009
- Holzberg, Niklas: Ovid. Dichter und Werk. Dritte Auflage, München, C. H. Beck, 2005
- Jors, Paul: Die Ehegesetze Des Augustus, Marburg, N. G. Elwert´sche Verlagsbuchhandlung, 1894
  Neu verlegt: o. O., Kessinger Publishing, o. J.
- Kauf, Thomas: Ovids Ars Amatoria und die augusteischen Ehegesetze, o. O., GRIN Verlag, 2006

Internetadressen

- Bauer, Martin: Julia (Tochter des Augustus).
  URL: http://www.uni-protokolle.de/Lexikon/Julia_(Tochter_Augustus).html (31.10.2011)
- Bauer, Martin: Schlacht bei Actium.
  URL: http://www.uni-protokolle.de/Lexikon/Schlacht_bei_Actium.html (23.08.2011)
- Gizewski, Christian: Iulia, die Tochter des Augustus und Frau des Tiberius
  URL: http://agiw.fak1.tu-berlin.de/Auditorium/BeGriRoe/SO13/Julia.htm (30.08.2011)
- Steinke, Andrea: Der Prinzipat. Eine Monarchie im republikanischen Gewande.
  URL: http://www.info-antike.de/prinzi.htm (22.08.2011)
- Unbekannt: Die Familie des Kaisers Augustus.
  URL: http://www.judithmathes.de/rom/kaiserzt/augustus.htm (31.10.2011)
- Unbekannt: Julia, Tochter des röm. Kaisers Augustus.
  URL: http://www.zeno.org/DamenConvLex-1834/A/Julia,+Tochter+des+r%C3%B6m.+Kaisers+Augustus) (31.10.2011)